Anonyme

# Farce de Maître Patelin

Loi n°49-956 du 16 juillet 1949 sur les publications destinées à la jeunesse, modifiée par la loi n°2011-525 du 17 mai 2011.

Copyright © 2022 attribué à Guillaume Alexis et/ou François Villon (domaine public)
Édition : BoD – Books on Demand, info@bod.fr
Impression : BoD – Books on Demand,
In de Tarpen 42, Norderstedt (Allemagne)
Impression à la demande.
ISBN : 978-2-3224-2555-6
Dépôt légal : Mai 2022
Tous droits réservés
Ce livre a été produit et maquetté par Reedsy.com

# Personnages

Maître Pierre PATELIN.
GUILLEMETTE, sa femme.
GUILLAUME, marchand-drapier.
Thibaut AGNELET, berger.
Le Juge.

(Le théâtre représente deux maisons en regard sur une place, la maison de Patelin, et la boutique du drapier. La scène est tantôt à l'étalage du drapier, tantôt chez Patelin, dont la maison s'ouvre au regard du spectateur.)

# Scène Ire

## PATELIN, GUILLEMETTE

**PATELIN**

Par tous les saints, ma Guillemette,
Pour quelque peine que je mette
Tant à fourber qu'à rêvasser,
Nous ne pouvons rien amasser ;
Et si peux vivre, c'est grâce
A ma langue, dont j'avocasse.

**GUILLEMETTE**

Par Notre-Dame ! j'y pensais,
Et voyez donc le beau succès !
Il fait bruit, cet avocassage ;
Mais on ne vous tient pas si sage
De quatre parts comme autrefois ;
J'ai vu que chacun faisait choix
De vous pour gagner sa querelle ;
Maintenant, chacun vous appelle
L'avocat sous l'orme, et partout.

**PATELIN**

Je ne le dirai pas du tout
Pour me vanter : au territoire
Qui limite notre auditoire,
Hors le maire, je n'ai pas vent
Qu'on me passe comme savant.

**GUILLEMETTE**

Aussi bien il lit le grimoire,
Monsieur le maire, et se fait gloire
De chicane apprise longtemps.

**PATELIN**

Me direz-vous, en peu d'instants,
Cause dont on ne fût le maître,

Pourvu que l'on voulût s'y mettre ?
Et pourtant, je n'appris jamais
Que bien peu sous les docteurs ; mais
Je m'oserai vanter qu'au livre
Avec le prêtre je peux suivre,
Et comme lui je peux chanter ;
On croirait que j'ai dû rester
Sous le maître autant qu'en Espagne
A la guerre fut Charlemagne.

## GUILLEMETTE

Où cela mène-t-il, enfin,
Si ce n'est à mourir de faim ?
J'aime mieux un soulier solide.
Voyez comme d'un train rapide
Nos robes s'en vont nous quittant,
Non sans faire piteuse mine
Sur nos épaules, et passant
A l'état de simple étamine.
Et ma foi, je ne peux savoir
Comment nous en pourrions avoir
De neuves, par votre science.

## PATELIN

Taisez-vous, par ma conscience.
Mon sens, s'il le faut éprouver,
Saura bien où vous retrouver
Robes et chaperons encore ;
Et s'il plaît à Dieu que j'honore,
De ce pas nous échapperons,
Sur nos bêtes remonterons,
Et nous ferons à la bonne heure
Rire la fortune meilleure.
Dieu fait belle œuvre en peu de temps :
S'il faut travailler les clients
Cherchez mon pareil, je vous prie.

## GUILLEMETTE

Oui, il s'agit de tromperie,
On vous connaît maître passé.

### PATELIN

Non pardieu, si je suis rusé,
C'est en droite avocasserie.

### GUILLEMETTE

Oh ! oui vraiment, en tromperie,
C'est dit. M'est avis cependant,
Que fort peu clerc et peu savant,
Par le sens naturel vous êtes
Tenu l'une des sages têtes
Que nous ayons en ce lieu-ci.

### PATELIN

Qu'on me trouve, ailleurs, comme ici,
Mon maître, je vous en défie.

### GUILLEMETTE

Oui, s'il s'agit de tromperie,
Vous aurez le prix en cet art.

### PATELIN

Bon pour ces vêtus de brocard,
Avocats, dit-on : je le nie,
Laissons-là cette menterie.
À la foire allons-nous couler.

### GUILLEMETTE

À la foire !

### PATELIN

J'y veux aller,
Par saint Jean ! La belle marchande,
Vous déplaît-il que je marchande
De bon drap, ou tout autre objet ?
D'en enrichir notre ménage
Où le temps a fait grand dommage
Ne peut-on avoir le projet ?
Il n'est ici robe qui vaille.

### GUILLEMETTE

Mais vous n'avez ni sou ni maille,
Que ferez-vous ?

### PATELIN

Vous ne savez,
Ni moi. Si pourtant vous n'avez
Du drap pour deux en abondance,
Dénoncez-moi pour impudence ;
Criez tout haut, et hardiment,
Dites que votre mari ment.
Quelle couleur est la plus belle,
D'un gris-vert ? d'un drap de Bruxelle,
Ou d'autre ? Il me le faut savoir.

### GUILLEMETTE

Celui que vous pourrez avoir.
Un emprunteur ne choisit mie.

### PATELIN (Il compte sur ses doigts.)

Pour vous deux aunes et demie,
Et pour moi trois… quatre, mettons,
Ça fait en somme…

### GUILLEMETTE

Nous comptons
Tout à notre aise, sans rabattre :
Mais prenez trois aunes ou quatre,
Qui diable vous les prêtera ?

### PATELIN

Et que vous fait qui ce sera ?
Eh bien ! ma foi, qu'on me les prête,
De mon côté moi je m'apprête
À rendre au jour du jugement,
Et vous entendez bien comment,
J'entends point du tout.

### GUILLEMETTE

Laissez faire.
Avant ce temps, quelque compère,
Quelque sot en sera couvert.

### PATELIN

Je prendrai du gris ou du vert.
Pour faire un pourpoint, Guillemette,

Je veux trois quartiers de brunette,
Ou l'aune.

### GUILLEMETTE

Me protège Dieu,
N'oubliez pas de boire un peu,
Si Martin garant vous patrone.

### PATELIN

Gardez tout.

### GUILLEMETTE

Vous la donnez bonne.
Et quel sera ce beau marchand
Qu'ainsi vous irez accrochant ?
Plût donc à Dieu qu'il n'y vît goutte !

*(Patelin laisse Guillemette qui rentre chez elle, et, traversant la scène, s'approche de la boutique du drapier qui est de l'autre côté.)*

# Scène II

PATELIN, puis le drapier.

### PATELIN

Ce doit être ici ; point de doute :
A l'enseigne on peut se fier :
Guillaume Josseaume, drapier.
C'est cela, par sainte Marie,
Il se mêle de draperie.
(Élevant la voix.)
Dieu soit avec vous !

### GUILLAUME, paraissant.

En gaieté
Vous maintienne sa volonté.

### PATELIN

Que Dieu m'en soit témoin, j'arrive,
Et de vous voir ma joie est vive.
J'en avais grande volonté.
Comment se porte la santé ?
Toujours sain et gaillard, Guillaume ?

### GUILLAUME

Oui, pardieu.

### PATELIN

Donnez cette paume,
Comment vous va ?

*(Il lui prend la main.)*

### GUILLAUME

Bien, mon ami ;
S'il faut vous servir, je vous jure
Qu'on n'en fera point à demi.

### PATELIN

C'est de quoi très bien je m'assure !

## GUILLAUME

Et vous ?

## PATELIN

Par saint Pierre, vraiment
Cela va très gaillardement,
Et je suis à votre service.
Ainsi vous faites votre office ?

## GUILLAUME

Oui, mais marchands, vous pensez bien,
Ne sont pas sans souci de rien.
Tout ne va toujours à leur guise.

## PATELIN

Comment se porte marchandise ?
Donne-t-elle de quoi manger,
Et boire, et de quoi se loger ?

## GUILLAUME

Hum !... En avant ! on suit la chance !

## PATELIN

Mon Dieu ! quel homme de science
Fut votre père, et quel regret
En mon cœur survit en secret !
Qu'enfin Dieu veuille avoir son âme,
Le digne homme ! Par Notre-Dame,
Il m'est avis bien clairement
Que je le vois en ce moment.
C'était un marchand bon et sage,
Vous lui ressemblez de visage,
Si bien qu'on dirait son portrait :
Oh ! mais c'est frappant, trait pour trait.
Si jamais à sa créature
Dieu voulut remettre l'injure,
A braves gens s'il fit merci,
Qu'il ait pardon pour celui-ci ;
De l'éternel salut qu'il fasse
Don à son âme.

### GUILLAUME

Et que sa grâce
Soit sur nous quand il lui plaira.

### PATELIN

Le digne homme me déclara
Maintes fois en parole claire
Le temps que nous voyons se faire ;
Maintes fois m'en suis souvenu,
Car alors il était tenu
L'un des bons…

### GUILLAUME

Seyez-vous, messire ;
Il est bien temps de vous le dire,
Mais je suis ainsi gracieux.

### PATELIN

Oh ! par le Corps très précieux,
Je suis fort bien. Il avait l'âme…

### GUILLAUME

Fort bien, mais d'abord je réclame,
Et dis que vous vous asseoirez.

### PATELIN

Volontiers. Oh ! que vous verrez
Qu'il me dit de grandes merveilles !
Comme il est un Dieu, des oreilles,
Du nez, de la bouche et des yeux
Jamais fils ne ressembla mieux
A son père, et jamais image
Ne rendit si bien un visage.
Voilà bien ce menton doublé :
Jamais on n'a mieux ressemblé.
Et qui dirait à votre mère
Qu'autre que lui fut votre père
Aurait grand-faim de reprocher.
Mais j'ai peine à me figurer
Comment Nature en ses ouvrages
A fait deux si pareils visages,
Et l'un comme l'autre taché.

Quand un même artiste eût cherché
Dans un moule deux exemplaires,
Les ressemblances moins sincères
Se trouveraient entre les deux :
Même regard aux mêmes yeux,
Je cherche enfin la différence.
Or, monsieur, la bonne Laurence
Votre tante, vit-elle encor ?

### GUILLAUME

Oui vraiment, jusqu'ici la mort
L'épargne.

### PATELIN

Que je la vis belle,
Et quelle grâce était en elle !
Et quel beau port majestueux !
Par Dieu, par son sang précieux,
Vous lui ressemblez de corsage
Comme au modèle son image,
Et vainement on chercherait
Au pays plus vivant portrait.
Plus je vous vois, par Dieu le Père,
Plus je me dis : C'est tout son père.
En nulle famille on n'aurait
Telle ressemblance de trait :
Vous vous ressemblez mieux que goutte
D'eau, la chose est sans aucun doute.
Quel vaillant bachelier c'était,
Et bon prud'homme, et qui prêtait
Ses deniers d'une main ouverte,
Sans calculer ni gain ni perte,
À qui voulait de son argent !
Comme on le voyait, point changeant,
De bon cœur toujours vous sourire !
On y gagnerait si le pire
De ce monde lui ressemblait,
Si l'un l'autre on ne se volait,
Chose que l'usage autorise.
Voilà du drap comme on le prise.
Mon Dieu ! qu'il est doux et moelleux !

GUILLAUME

Il est fait comme je le veux,
Exprès, des laines de mes bêtes.

PATELIN

Hum ! hum ! quel ménager vous êtes,
Et qui du tout ne démentez
L'origine dont vous sortez !
Point vous ne savez la paresse,
Et votre corps peine sans cesse,
Toujours on vous voit besogner.

GUILLAUME

Que voulez-vous ? Il faut soigner
Sa chose, sans craindre la peine.

PATELIN

Ce drap serait-il pure laine ?
Il est fort comme un cordouan.

GUILLAUME

C'est un très bon drap de Rouen,
Bon usé, fière résistance !

PATELIN

Me voilà pris sans que j'y pense.
Je n'avais nulle intention
D'acheter, par la Passion
Qu'à notre Seigneur endurée ;
Je n'avais point du tout l'idée
A votre drap, lorsque je vins.
J'avais mis à part quatre-vingts
Ecus pour retrait d'une rente ;
Mais vous en aurez vingt ou trente,
Je le vois bien, car la couleur
M'en plaît si fort que c'est douleur.

GUILLAUME

Mais comment se pourrait-il faire
Que ceux dont vous devez retraire

La rente prissent votre argent ?
Quel titre ainsi va s'échangeant ?

### PATELIN

La chose point ne m'embarrasse,
Je suis aussi de bonne race,
Et fais volontiers un paiement.
Quel drap est celui-là ? Vraiment
Plus je le vois, plus je m'affole ;
J'en veux un habit, ma parole,
Et pour ma femme, un autre aussi.

### GUILLAUME

Il est fort cher, ce beau drap-ci ;
En quel beau vert on l'a fait teindre !
Tout le monde n'y peut atteindre ;
Vous en aurez si vous voulez :
Dix ou vingt francs y sont coulés
En un clin d'œil.

### PATELIN

Vaille que vaille !
Encore ai-je deniers et maille :
On trouvera quelques écus,
Que les anciens n'ont pas connus :
Ils n'ont vu ni père ni mère.

### GUILLAUME

Dieu soit loué ! Par le saint Père,
A ce petit magot secret
Prendre part ne me déplairait.

### PATELIN

Bref, de ce beau drap je m'affole,
Et j'en aurai, sur ma parole.

### GUILLAUME

Maître, la chose est bel et bien ;
Mais il faut décider combien
Vous en voulez, et je vous jure
Qu'à l'instant même je mesure ;

Vous me voyez entièrement
A votre bon commandement
Pour jusqu'à la fin de la pile,
Et n'eussiez-vous ni croix ni pile.

### PATELIN

Je le sais bien, et grand merci.

### GUILLAUME

Vous voulez de ce vert clair-ci ?

### PATELIN

Mais, tout d'abord, il faut connaître
Le prix, ainsi parlez donc, maître.
Dieu sera, comme de raison,
Payé des premiers : ne faisons
Rien où d'abord Dieu ne se nomme.
Prenez ce denier.

### GUILLAUME

Un bonhomme
Êtes-vous, j'en suis réjoui.
Voulez-vous une parole ?

### PATELIN

Oui.

### GUILLAUME

Il faut que chaque aune se paie
Juste vingt-quatre sous.

### PATELIN

Aie ! aie !
Sainte Vierge ! vingt-quatre sous !
Non, non !

### GUILLAUME

Il nous le coûte, à nous.
Je n'y gagne pas une obole,
Vous pouvez croire à ma parole.
Donc, rien à moins, si vous l'avez.

## PATELIN

Oh ! c'est trop cher.

## GUILLAUME

Vous ne savez
De combien la laine est plus chère ;
Pendant la froidure dernière
Mainte et mainte bête a péri,
Et le drap est bien renchéri.

## PATELIN

Vingt sous, vingt sous, l'époque est dure
Aussi pour nous.

## GUILLAUME

Et je vous jure
Que j'en aurai ce que j'ai dit.
Ou bien attendez samedi,
Si vous êtes en défiance
Quand on vous parle en conscience,
Pour voir ce que vaut la toison
Qui jadis venait à foison.
Il fallut à la Madeleine
Payer huit blancs, pas moins, la laine
Qu'on payait quatre auparavant.

## PATELIN

Parbleu, sans plus fouetter le vent
Avec la langue, et sans demeure,
J'achète, aunez-moi tout-à-l'heure.

## GUILLAUME

Combien en voulez-vous avoir ?

## PATELIN

Il est aisé de le savoir :
Nous avons quel lé ?

## GUILLAUME

De Bruxelle.

## PATELIN

Pour moi trois aunes, et pour elle,
Taille forte, corps assez haut,
Deux et demie est-ce qu'il faut ;
En tout, six aunes, non que dis-je ?
Ma foi je suis sot à prodige.

## GUILLAUME

La demi-aune, en s'ajoutant,
Nous fait les six, tout justement.

## PATELIN

Ma foi, je crois qu'il vaut mieux faire
Tout simplement le compte rond ;
D'ailleurs, je veux un chaperon.

## GUILLAUME

Je vais vous donner votre affaire :
(Mesurant avec son aune.)
Une, deux, trois, quatre, cinq, six.

## PATELIN

Allez donc, et d'un doigt précis
Guidez le ciseau qui mesure

## GUILLAUME

Faut-il qu'à deux fois je m'assure,
Et que j'aune encore au rebours ?

## PATELIN

On perd le temps à ces détours.
A la chance plus ou moins belle !
Jusqu'où la somme monte-t-elle ?

## GUILLAUME

Nous allons tantôt le savoir.
Le compte est clair, vous allez voir :
A vingt-quatre sous pour chacune,
Six aunes, c'est neuf francs.

## PATELIN

 Pour une
Un écu, pour six, six écus.

### GUILLAUME

C'est exact, on ne saurait plus.

### PATELIN

Voulez-vous avoir confiance,
Monsieur, je veux dire obligeance ?
Chez moi tantôt quand vous viendrez,
Sans remise vous les prendrez.
Vous direz votre fantaisie :
Selon que vous l'aurez choisie,
Sera votre monnaie, ou l'or,
Ou l'argent, s'il vous plaît encor
Davantage.

### GUILLAUME

C'est grand dommage,
Vous n'êtes point sur mon passage,
Je me détourne, allant par là.

### PATELIN

Oh ! le beau danger que voilà !
Voyons, nous sommes une paire
De bons amis, voulez-vous faire
Un tel outrage à ma maison ?
A mon vin, dans l'occasion
Jamais ne vous verrai-je boire
Un verre ou deux ? Mais je veux croire
Que vous y viendrez cette fois.

### GUILLAUME

Et par saint Jacques ! je me vois
N'ayant de travail que de boire.
Mais il est peu sage de croire
A l'écu promis qui viendra...
Et l'étrenne !...

### PATELIN

On vous donnera
De bon or, non de la monnaie ?
Et vous mangerez de mon oie
Qui sur l'heure rôtit chez nous.

## GUILLAUME

Vraiment cet homme fait de vous
Tout ce qu'il veut. Je vais vous suivre,
Allez devant, et je vous livre
Ce drap que je m'en vais porter.

## PATELIN

Pas du tout, je veux l'emporter :
Quel poids fait-il sous mon aisselle ?
Cette charge paraîtra-t-elle
Seulement ?

## GUILLAUME

Non, il sera mieux
Que je le porte, et je le veux,
La chose sera plus honnête.

## PATELIN

Vous vous moquez, méchante fête
Me puisse tantôt advenir,
Si j'ai le cœur de le souffrir.
C'est très bien pensé : sous l'aisselle
Cela va me faire une belle
Bosse ; marchons, c'est entendu.
Chez nous, ce soir, il sera bu
Plus d'un flacon, et non du pire.
Je veux qu'on nous entende rire
Avant que vous vous en alliez.

## GUILLAUME

J'aurai, point vous ne l'oubliez,
Mon argent tout dès mon entrée.

## PATELIN

Tenez ma promesse sacrée.
Vous l'aurez… Vous ne l'aurez pas
Que n'ayez pris votre repas ;
Et j'aurais, ma foi, grande peine,
Si d'argent ma poche était pleine,
Dont ici même vous payer.
Au moins vous viendrez essayer
Quel vin je bois. Votre feu père

En passant criait haut : Compère,
Que dis-tu, là-bas, que fais-tu ?
Mais vous ne prisez un fétu
Vous autres riches, pauvres hommes.

### GUILLAUME

Nous autres riches ! Mais nous sommes
Les plus pauvres.

### PATELIN

Eh bien ! adieu,
Je vais vous attendre audit lieu.
Nous boirons un bon coup, j'espère.

### GUILLAUME

Allez, je vous suis par derrière.
J'attends de l'or.

### PATELIN

Vous en aurez,
Et tout du meilleur, vous verrez.
Jamais de ma bourse ne tire
Autre chose.
*(Guillaume rentre chez lui.)*
A mon tour de rire.
De l'or ! Je veux être pendu
Si tu vois de mon escarcelle
Sortir ni lingot ni parcelle.
Mon beau sire, tu m'as vendu
Avec tromperie et finesse,
Beaucoup moins à mon mot qu'au tien,
À présent, je te paie au mien :
Tu veux de l'or, et qu'on s'empresse :
Attends-moi. S'il pouvait courir
Sans cesse ou repos, le bonhomme,
Jusqu'à plein paiement de la somme,
Par saint Jean, avant de finir,
Il laisserait loin Pampelune.
*(Au moment où Patelin qui a marché tout en parlant, rentre chez lui, Guillaume sort de son logis et se dirige vers la maison de l'avocat.)*

## GUILLAUME

Ils ne verront soleil ni lune,
Les écus qu'il me lâchera,
Tant qu'on ne me les volera,
Du moins. Que pour un bout d'année
Notre bourse s'en voie ornée.
Or, il n'est si fort entendeur
Qui ne trouve plus fort vendeur.
Ce trompeur est un fier béjeaune !
Prendre pour vingt-quatre sous l'aune
Du drap qui n'en valait pas vingt !

# Scène III

On aperçoit l'intérieur de la maison de Patelin.
PATELIN, GUILLEMETTE

PATELIN

En ai-je ?

GUILLEMETTE

Quoi donc ?

PATELIN

Que devint
Votre vieille cotte mûrie ?

GUILLEMETTE

Et pourquoi faire, je vous prie,
Me le demandez-vous ?

PATELIN

Rien, rien.
En ai-je ? (Il étale son drap.) Je le disais bien :
Est-ce là du drap ?

GUILLEMETTE

Notre-Dame !
Or, par le péril de mon âme,
D'où vient-il, et qui le paiera ?

PATELIN

Vous demandez qui ce sera ?
Qui ce sera ? – Belle demande !
Par monsieur saint Jean, qu'on me pende,
Et par le cou, s'il n'est payé !
Le marchand qui l'a déployé
N'en aura plus rien à prétendre :
C'est là sa manière de vendre.
Il est blanchi, l'homme.

### GUILLEMETTE

Combien
Coûte-t-il donc ?

### PATELIN

Je n'en dois rien,
Il est payé, ne vous soucie.

### GUILLEMETTE

Votre bourse s'est donc grossie
Depuis tantôt, en devisant ?
Vous n'aviez pas un sou vaillant.

### PATELIN

Pas un sou ! Vraiment si, madame,
Pas un sou vaillant ! je réclame,
J'avais un parisis.

### GUILLEMETTE

Fort bien ;
Mais maintenant ne cachez rien ;
Comment cela s'est-il pu faire,
A moins que la main du notaire
Ou le billet n'ait passé là ?
Et quand le terme passera,
Recors seront à notre porte,
Il faudra voir qu'on nous emporte
Tout, et le logis dévasté.

### PATELIN

Doucement, ce drap n'a coûté
Qu'un denier, sans plus d'une obole :
Le tout s'entend.

### GUILLEMETTE

Quelle parole !
Il ne se peut faire ; un denier !

### PATELIN

Qu'on puisse cet œil m'arracher,
S'il en eut, et s'il en attrape

Un sou de plus. Piège ni trappe
N'y feront rien, ni son beau chant.

### GUILLEMETTE

Quel nom a ce gentil marchand ?

### PATELIN

Mon Dieu, c'est un nommé Guillaume,
Et que l'on surnomme Josseaume,
Puisque vous le voulez savoir.

### GUILLEMETTE

Mais la manière de l'avoir
Pour un denier, c'est le mystère,
Et vous ne devez point me taire
Comment vous fîtes votre jeu.

### PATELIN

En donnant un denier à Dieu.
Encore il suffisait de dire
La main sur le pot : *mon cher sire,*
Le denier me fût demeuré.
Donc, en somme, est-ce bien leurré ?
Guillaume et Dieu, si bon leur semble
Partageront ce sol ensemble,
Car c'est tout ce qu'ils en auront.
Et qu'ils chantent tant qu'ils voudront,
Ils n'en auront pas davantage.

### GUILLEMETTE

Par quel chemin, par quel passage
L'avez-vous pu conduire là ?
Il ne donnerait pas cela,
Lui qu'on sait homme si rebelle.

### PATELIN

Oh ! par Notre-Dame la belle,
Je vous l'ai si bien retourné,
Qu'il me l'aurait presque donné.
Je lui disais que son feu père
Fut si brave homme : Ah ! fais-je, frère,
Que vous avez eu de bonheur,

Ayant des parents gens d'honneur !
Que vous eûtes bon parentage !
Vous êtes, fais-je, du lignage
En ces cantons plus à louer.
Puisse Dieu me désavouer
S'ils ne sont tous franche canaille,
Des vilains, enfin rien qui vaille.
Autant vaudrait vanter l'attrait
Du diable, ils en sont le portrait,
La lie enfin de ce royaume.
Ah ! fais-je, mon ami Guillaume,
C'est plaisir de vous rencontrer
(Ici la main, et de serrer)
Que vous ressemblez de visage
A feu votre père, homme sage,
Homme accompli ! Dieu sait comment
J'échafaude un propos charmant
Entrelardé de draperie.
Et puis, fais-je, sainte Marie,
Comme il prêtait humainement
Ce qu'il avait, l'homme excellent !
Et j'ajoute : C'est vous en somme,
Vous l'homme humain, le galant homme ;
C'est lui, lui-même tout craché.
Toutefois on eût arraché
Cent fois les dents à ce sauvage,
Et cent fois au fils son image,
Avant que nul leur fît prêter
Ceci, ni qu'on en pût tirer
La moindre parole obligeante.
La langue de miel engageante
L'a pourtant si bien contenté
Que le vieux chien m'en a prêté
Six aunes.

## GUILLEMETTE

Mais à jamais rendre.

## PATELIN

Ainsi vous le devez entendre.
Rendre ! Il est payé, le maudit,

Et trop payé, je vous l'ai dit.
Il m'a pris mon denier… au diable.

### GUILLEMETTE

Cela m'a rappelé la fable
Du corbeau qui perchait assis
Sur une croix de cinq ou six
Toises de haut, ou davantage.
Il tenait au bec un fromage ;
Sur les lieux arrive un renard
Qui voit la chose d'un regard,
Et sur le champ tout bas il pense
Comment l'avoir ? – Et puis s'avance.
Le voilà là sous le corbeau :
Oh ! dit-il, que ton corps est beau,
Et ton chant plein de mélodie !
Et le corbeau, tête étourdie,
Fier d'entendre son chant vanter,
Vite ouvre le bec pour chanter,
Et son fromage tombe à terre,
Et maître Renard vous le serre
Et vous l'emporte à belles dents.
Ainsi sera, si je l'entends,
De ce drap : par cajolerie,
Par beaux discours de flatterie
Bien adroits, vous l'aurez happé,
Vos doux propos l'ont attrapé ;
On s'est pris à votre langage,
Comme corbeau pour son fromage.

### PATELIN

Il doit venir tantôt chez nous,
Et compte boire un ou deux coups.
Or, voici ce qu'il nous faut faire.
Je suis certain qu'il viendra braire,
Sans plus de délai réclamant
Son argent. Voici le paiement
Qu'il faut lui donner : Je me couche,
Ayant la fièvre sur la bouche,
Et quand il viendra, vous direz :
Ah ! parlez bas ! vous gémirez,

Vous prendrez un visage fade,
Et vous direz : il est malade
Voilà six semaines, deux mois,
Sans sortir une seule fois.
Et s'il vous répond : Menterie !
Voyez la fausse tromperie,
Il sort d'avec moi dans l'instant ;
Hélas ! ferez-vous, maintenant
Ce n'est pas en ces fariboles
Qu'il faut dépenser les paroles ;
Puis faites-le-moi bien aller,
Et doux, tout doucement filer.
J'entends qu'il n'en ait autre chose.

### GUILLEMETTE

J'y mettrai ma meilleure dose
De malice : en un tour de main
Je lui fais rebrousser chemin.
Mais vous, aux mains de la Justice
Si vous menait votre malice,
Il pourrait vous en cuire fort,
Du double, et plus du double encor
Que l'autre fois.

### PATELIN

Paix ! qu'on se taise.
A l'œuvre, ne vous en déplaise.

### GUILLEMETTE

Souvenez-vous du samedi
Qu'illustra votre pilori.
Sur vous, pour votre tromperie
Ce fut un cri.

### PATELIN

Bavarderie !
Mettez-moi-là tous ces propos,
Et laissez clabauder les sots.
Ayons attention à l'heure,
Il faut que ce drap nous demeure.
Je vais me coucher.

## GUILLEMETTE
Bien, allez.

## PATELIN
De rire surtout vous gardez.

## GUILLEMETTE
Je veux pleurer à chaudes larmes.

## PATELIN
Il nous faut bien fourbir nos armes.
Qu'il ne devine rien du tout.

# Scène IV

*Le drapier Guillaume sortant de chez lui, sur le devant de sa boutique.*

### GUILLAUME

Il est temps que je boive un coup,
Et tantôt mettons-nous en route.
Qu'est-ce que je dis ? Non sans doute,
Je ne mangerai ni boirai,
Puisque tantôt je mangerai,
La chose est dite et convenue,
De l'oie, et grasse, et bien dodue,
Chez maître Pierre Patelin.
Et de plus, par saint Mathelin,
J'y toucherai quelque pécune.
C'est bon, je vous happe une prune
Au moins, sans bourse délier.
Ne nous laissons pas oublier,
On ne vend plus rien à cette heure.
(Il traverse la scène.)
Notre homme ici fait sa demeure.
Ho ! maître Pierre, êtes-vous là !
Holà ! quelqu'un ; quelqu'un, holà !
Paraîtra-t-il ?

### GUILLEMETTE

Hélas ! messire,
Pour ce que vous auriez à dire
Parlez bas, s'il vous plaît, tout bas.

### GUILLAUME

Dieu vous garde, madame.

### GUILLEMETTE

Hélas !
Monsieur, vous ne m'écoutez guère,
Plus bas.

### GUILLAUME
Quoi donc ?

### GUILLEMETTE
Veuillez vous taire.

### GUILLAUME
Où donc est-il ?

### GUILLEMETTE
Où voulez-vous
Qu'il soit ?

### GUILLAUME
Mais qui ?

### GUILLEMETTE
Bien, raillez-nous
Maintenant. Ah ! c'est mal, mon maître,
Mon Dieu ! mais où pourrait-il être ?
Dieu le sait, le pauvre martyr !
Onze semaines sans sortir…

### GUILLAUME
Qui donc ?

### GUILLEMETTE
Pardonnez-moi, je n'ose
Parler haut, je crois qu'il repose.
Un peu de sommeil l'a calmé,
Au mal il succombe assommé.
Le pauvre homme !

### GUILLAUME
Qui ?

### GUILLEMETTE
Maître Pierre.

### GUILLAUME
A l'autre ! Il m'achetait, ma chère,
Six aunes de drap dans l'instant.

#### GUILLEMETTE

Qui, lui ?

#### GUILLAUME

Lui-même, maintenant,
Pas plus loin qu'un demi-quart d'heure.
Il n'est pas temps que je demeure,
Voyons, mon argent, je l'attends.

#### GUILLEMETTE

De plaisanter il n'est pas temps ;
Çà, gardons-nous de raillerie.

#### GUILLAUME

Çà, mon argent, pas de folie.
Il me faut neuf francs.

#### GUILLEMETTE

À quel jeu
Vous livrez-vous ?

#### GUILLAUME

Moi ? Je ris peu.

#### GUILLEMETTE

Allons, Guillaume, faisons trève
A tout cela qui n'est que rêve ;
Gardez vos étranges propos,
Et nous laissez, maître, en repos.
Allez régaler de sornettes
Vos ingénus, vos sots, vos bêtes,
Ceux qui se laisseront jouer.

#### GUILLAUME

Je puisse Dieu désavouer
S'il ne m'est dû neuf francs.

#### GUILLEMETTE

Ah ! sire,
Nous n'avons pas si faim de rire
Que vous, pas si soif de railler.

### GUILLAUME

Veuillez, sans plus nous chamailler,
Me faire venir maître Pierre,
Ce n'est point un jeu qu'on veut faire.

### GUILLEMETTE

Méchant destin pour vous punir
Vous puisse tantôt advenir !
Où donc avez-vous la pensée,
À plus de trois quarts insensée ?

### GUILLAUME

Suis-je chez maître Patelin ?

### GUILLEMETTE

Oui, mais le mal saint Mathelin
Vous puisse serrer par la tête ;
Parlez bas.

### GUILLAUME

Le diable et sa fête !
Ne l'oserai-je demander ?

### GUILLEMETTE

Que Dieu veuille bien nous garder.
Tout bas ; faut-il qu'il se réveille ?

### GUILLAUME

Quel bas ? Voulez-vous qu'à l'oreille
Nous conversions au fond du puits ?

### GUILLEMETTE

Ah ! malheureuse que je suis !
Quel babil ! mais c'est votre guise.

### GUILLAUME

Par le diable si je m'avise…
Et pourquoi parlerais-je bas ?
Je n'entends point de tels débats.
La vérité qu'il faut apprendre,

C'est que Pierre est venu nous prendre
Six aunes de drap aujourd'hui.

### GUILLEMETTE

Pour cela l'ai-je bien ouï ?
Le diable ait part à votre *prendre*.
Ah ! je voudrais que l'on pût pendre
Les menteurs. Mon pauvre mari
Est malade, il n'est pas sorti
Du lit depuis onze semaines.
Laissez là toutes raisons vaines.
Sont-elles beaucoup de saison ?
Vous allez vider la maison.
De vos sots propos je suis lasse.

### GUILLAUME

Vous prétendiez que je parlasse
Bas, et voilà que vous criez.

### GUILLEMETTE

Eh ! c'est vous seul qui batailliez
Et disputez ; chaque parole
N'est que querelle.

### GUILLAUME

Assez du rôle,
Payez-moi vite.

### GUILLEMETTE

Parlez bas,
Dites, ne le ferez-vous pas ?

### GUILLAUME

Prenez donc mieux garde vous-même,
Votre verbe est haut à l'extrême,
Et plus élevé quatre fois
Que le plus haut ton de ma voix.
Finissez, et qu'on me délivre…

### GUILLEMETTE

Que dites-vous ? Êtes-vous ivre,
Ou seriez-vous hors de bon sens ?

## GUILLAUME

Vous avez les mots caressants !
Ivre, une agréable demande !

## GUILLEMETTE

Oh ! plus bas, qu'il ne vous entende.

## GUILLAUME

De six aunes je veux le prix,
Pareil nombre chez moi fut pris,
Et de beau drap encore, dame.
C'est mon avoir que je réclame.

## GUILLEMETTE

À qui donc l'avez-vous donné ?

## GUILLAUME

À lui-même.

## GUILLEMETTE

Il est bien tourné,
Pour s'aller mettre en train d'emplette !
Allons, votre absence est complète.
Jamais robe il ne vêtira
Que blanche, ni ne partira
De son lit de souffrance amère,
Que pour sa demeure dernière,
Celle où l'on va les pieds devant.

## GUILLAUME

C'est donc depuis soleil levant :
Je lui parlai tantôt, sans faute.

## GUILLEMETTE

Oh ! la voix affreusement haute !
Parlez plus bas, par charité.

## GUILLAUME

Vous-même, dame, en vérité
A parler vous mettez en nage ;

Moi, je peine, et vous faites rage.
Mes écus, je pars dans l'instant.
Adroit qui verra mon argent !
On n'en a jamais autre chose.
*(Patelin derrière un rideau que Guillemette détournera tout à l'heure.)*

### PATELIN

Ma chère femme, un peu d'eau rose,
Relevez-moi mon oreiller ;
A boire, je vais étouffer
Personne !... Frottez-moi la plante.

### GUILLAUME

Je l'entends.

### GUILLEMETTE

Sans doute.

### PATELIN

Ah ! méchante,
Viens ici. Qui t'a dit d'ouvrir
Ces fenêtres ? Viens me couvrir.
Ôtez les gens noirs, ôtez vite,
Emmenez-les.

### GUILLEMETTE

Comme il s'agite !
*(Elle détourne le rideau.)*
Êtes-vous hors de votre sens ?

### PATELIN

Si tu sentais ce que je sens.
Eh ! ce moine noir qui s'envole !
Prends-le, remets-lui son étole.
Il grimpe, il va toujours en haut.

### GUILLEMETTE

Quoi donc ! Est-ce là ce qu'il faut ?
Mon ami, n'avez-vous pas honte ?
C'est aussi par trop remué

## PATELIN

Un pauvre homme ainsi se démonte.
Oh ! ces médecins m'ont tué
De ces drogues qu'ils m'ont faire boire ;
Et toutefois il les faut croire.
Ils travaillent nos pauvres corps
Tant et si bien qu'ils nous font morts.
Ils y vont comme sur la cire.

## GUILLEMETTE

Hélas ! venez le voir, beau sire,
Pauvre malheureux patient !

## GUILLAUME

Souffre-t-il, à bon escient ?
Il revient tantôt de la foire.

## GUILLEMETTE

De la foire !

## GUILLAUME

Je dois m'en croire,
À la foire il s'est présenté.
Du drap que je vous ai prêté
Il me faut l'argent, maître Pierre.

## PATELIN

Ah ! maître Jean, c'est de la pierre,
Ce que je rends, et quel tourment !

## GUILLAUME

Il me faut neuf francs rondement.

## PATELIN

Faut-il prendre un nouveau clystère ?

## GUILLAUME

Au diable ! est-ce là mon affaire ?
Payez neuf francs, ou six écus.

## GUILLEMETTE

Mais le pauvre homme n'en peut plus.

### PATELIN

Dites-vous que ce sont pilules
Ces trois petits et noirs globules ?
Cela m'a mis à mal les dents :
Que diable a-t-on mis là-dedans ?
Pour Dieu ne m'en faites plus prendre ;
Maître Jean, il fallut tout rendre ;
Je ne sais rien de plus amer.

### GUILLAUME

Je vous dis que mon compte est clair :
Neuf francs, par Saint-Pierre de Rome.

### GUILLEMETTE

Hélas ! tant tourmenter cet homme !
Vous êtes rude et sans pitié.
Mais cette dureté farouche
Vous aura bien mal conseillé.
Ce pauvre homme-là sur sa couche,
Il vous prend pour son médecin.
Oh ! le mal qu'il a dans le sein,
Cette fièvre qui le dévore
Est assez, sans qu'on vienne encore
Accabler le pauvre chrétien.

### GUILLAUME

Comment cela ? – Je n'en sais rien.
D'où lui vient ce mal ? – Je l'ignore.
Il venait ce jour même encore
A ma boutique, il marchandait
Mon drap, mon drap il achetait,
Et tous deux nous causions ensemble.
Ainsi du moins il me le semble ;
Ou bien je ne puis concevoir

### GUILLEMETTE

Vous aurez donc l'esprit ce soir
Peu présent, ou peu de mémoire.
Sans faute, si me voulez croire,
Vous irez chez vous reposer ;

Certaines gens pourraient gloser
Que seule ici je vous appelle,
Et me faire quelque querelle.
Les médecins tantôt viendront,
Et sur ce mal consulteront.
Je reste, sans fuir leur présence,
Et je n'ai souci qu'on en pense
Ce qu'on voudra, ne pensant point
A mal.

### GUILLAUME

Pardieu ! suis-je en ce point ?
Et puis je me mettais en tête…
N'allez-vous point nous faire fête ?
Maître Patelin m'a parbleu
Parlé d'une oie : est-elle au feu ?

### GUILLEMETTE

Voyez donc la belle demande !
Ah ! Messire, ce n'est pas viande
De malades ; mangez, mangez
De l'oie, et ne vous dérangez.
Dans le cœur vous avez trop d'aise
Pour nous autres.

### GUILLAUME, se détournant pour s'en aller

Ne vous déplaise,
Je me croyais sûr de mon fait,
Je vais savoir ce qu'il en est.
Je dois avoir tout d'une pièce
Six aunes de drap. – On me blesse
Si bien mon pauvre entendement
Que je m'y perds absolument.
Il eut ce drap, l'affaire est sûre. –
Non, ainsi je me le figure,
Il est mourant, ou contrefait
Le mourant. – Il les prit de fait
Et les plaça sous son aisselle ?
Mais est-ce bien chose réelle ?
En vérité, j'en douterais.

Sur mon honneur, je ne saurais
Dire si je veille ou je songe,
Si c'est chose vraie ou mensonge.
Je ne vais point apparemment,
Donner mon drap, soit en dormant,
Soit en veillant. A nul au monde,
Pour amitié tendre et profonde
Jamais je n'aurais su prêter
Mon drap… Je n'en veux plus douter,
Il emporta ma marchandise.
Non… Que voulez-vous que je dise ?
Aussi bien, pourquoi viens-je ici ?
Impossible qu'il l'ait. – Mais si…
Par ma foi, je n'y vois plus goutte,
Et ne sais lequel, entre nous,
Tient le bon entre les deux bouts.
(Guillaume s'éloigne un peu.)

### PATELIN Bas à Guillemette.

S'en est-il allé ?

### GUILLEMETTE

Paix, j'écoute,
Je ne sais ce qu'il va rêvant ;
Il s'en va si fort grommelant,
Que son esprit semble en déroute.
Il n'est pas temps de se lever.

### PATELIN

Rien mieux ne pouvait arriver.

### GUILLEMETTE

Chut ! chut ! Il reviendra sans doute,
Gardez-vous de bouger encor,
Ce serait tout gâter d'abord.
Il tourne et retourne.

### PATELIN

Saint-George !
Sur l'enclume comme on lui forge
Une croyance au mécréant !

Cela lui sied à ce méchant,
Comme un Christ sied au monastère.

## GUILLEMETTE

Jamais quand on fit bonne chère,
Le lard aux pois ne vint si bien ;
Ça l'oblige, il ne donnait rien
Les dimanches.

## PATELIN

Pour Dieu, sans rire,
S'il revenait, il pourrait nuire,
Et je le crains, il reviendra.

## GUILLEMETTE

Oh bien ! par ma foi, s'en tiendra
Qui pourra ; sinon que je meure,
Il faut que j'éclate sur l'heure.

*(Elle rit.)*

## GUILLAUME, à quelques pas, à part

Par le soleil qui luit là-haut,
Je veux revenir, et tantôt,
Chez ce bel avocat d'eau douce,
Lui donner une autre secousse.
Qu'on en dise ce qu'on voudra,
Il n'aura pas pour rien mon drap.
Quel gentil retrayeur de rentes
Au nom de parents ou parentes.
Ah ! par saint Pierre, j'en ai peur,
Il a mon drap, le faux trompeur.
Il l'eut ici, dans cette place.

## GUILLEMETTE

Quand me souvient de la grimace
Qu'il faisait en vous regardant,
Je ris, comme il était ardent
À demander.

## PATELIN

Chut ! point de rire ;
Si l'on vous entendait bruire,

Autant vaudrait s'enterrer vif,
Il est si fort rébarbatif.

### GUILLAUME, à part.

Méchant avocat à trois pseaumes,
Vous tient-il les gens pour Guillaumes ?
Il a mon drap, il l'a pardieu,
Le coquin m'a joué ce jeu.
Oh ! le scélérat ! le pendable !
Il l'est comme un blanc est prenable.

*(Il se rapproche ; haut.)*

Holà ! ne vous cachez-vous pas ?

### GUILLEMETTE

Voilà qu'il revient sur ses pas,
Il m'aura peut-être entendue,
Sa raison doit être perdue.

### PATELIN

Je ferai semblant de rêver ;
Allez vite le retrouver.

### GUILLEMETTE, allant au-devant de Guillaume.

Encor du bruit ! Et comme il crie !
Plus bas au moins, si vous criez.

### GUILLAUME

Dieu me pardonne, vous riez,
Çà, mon argent.

### GUILLEMETTE

Sainte Marie,
De quoi voulez-vous que je rie ?
J'ai bien lieu de me réjouir,
En si triste et dolente fête !
Il s'en va, c'est une tempête,
Des clameurs à vous étourdir.
Il est en train de frénésie,
De déraison, de rêverie,
Extravaguant, rêvant, chantant
En vingt langues qu'il va mêlant.

Il n'en a pas pour demi-heure ;
Ensemble je ris et je pleure.

### GUILLAUME

Je ne sais quel rire et pleurer,
Mais il faut d'abord me payer.

### GUILLEMETTE

De quoi ? Toujours même folie ?
Même babil et rêverie ?

### GUILLAUME

Bien habile qui me paiera
De tels mots quand je vends mon drap !
Telle n'est pas mon habitude,
Et je n'en veux point faire étude.
Et vais-je prendre à votre gré
Vessie en guise de lanternes ?

### PATELIN toujours dans son lit

Sus ! sus ! la reine des Guiternes
A mon oreille a murmuré.
J'apprends comme elle a su nous faire
Vingt-quatre petits guiterneaux,
Enfants de l'abbé d'Iverneaux.
Il me faut être son compère.

### GUILLEMETTE

Hélas ! pensez à Dieu le père.
Que votre âme soit en repos,
Il n'est pas temps pour vains propos,
Laissez farfadets et guiternes.

### GUILLAUME

Trêve de toutes balivernes.
Allons, qu'on me paie à l'instant
En or, ou du moins en argent
Du drap que vous me vintes prendre.

### GUILLEMETTE

C'était assez de se méprendre
Une fois, deux c'est trop vraiment.

### GUILLAUME

Que parlez-vous de se méprendre ?
Il s'agit de rendre ou de pendre :
Et quel tort vous fais-je, en venant
Pour réclamer mon bien, en somme ?

### GUILLEMETTE

Hélas ! tant tourmenter cet homme !
Est-il trop longtemps à mourir ?
Je vois bien à votre visage
Que vous êtes homme peu sage :
Par cette femme en repentir,
À vous lier j'aurais plaisir,
Pour peu que me vînt d'assistance.
C'est une fureur dans l'absence.

### GUILLAUME

J'enrage à n'avoir mon argent.

### GUILLEMETTE

Vous allez donc toujours songeant
A cette incroyable sottise ?
Signez-vous par la sainte Église.

### GUILLAUME

Bien adroit qui m'y reprendra
À faire crédit pour du drap
Dans les douze mois de l'année !
Quel malade à l'âme damnée !

### PATELIN

Eh ! par ma fyé, m'en voul anar,
Ou Diou me renague, outre mar.
La Coronade ! rès ne donne,
Et que d'argent il ne me sonne.
Vous entendez, mon beau cousin.

### GUILLEMETTE

Il eut un oncle limousin,
D'où ce jargon qu'il nous patoise.

## GUILLAUME

Il s'en vint, et sans faire noise,
Sous son bras gauche mit mon drap,
Et je vous dis qu'il le paiera,
Il le portait sous son aisselle.

## PATELIN

Venez ens, douce damoiselle.
Cha tôt prestre veuil devenir.
Or cha le diable y puist venir
En chelle vieille prêtrerie,
Et faut-il que le prêtre rie
Lorsque sa messe il dut canter ?

## GUILLEMETTE

Ah ! l'heure ne va pas tarder
Du dernier sacrement.

## GUILLAUME

Étrange
Que sa langue à chaque instant change !
Le voilà qui parle picard.
Quelle bizarre maladie !

## GUILLEMETTE

Cela lui revient sur le tard :
Sa mère fut de Picardie.

## PATELIN

D'où viens-tu, carême prenant
Vacarme lefve, Goudeman.
Hau ! Watteville ! come trie.
Cha à dringuez, je vous en prie.
Hau ! Watville ! pour le frimas
Faites venir frère Thomas,
Que près de lui je me confesse.

## GUILLAUME

Qu'est ceci ? faut-il qu'il ne cesse
De parler langage divers ?
J'écoute l'homme, et je m'y perds.

Qu'il me paie ou me donne un gage :
À partir vite je m'engage.

### GUILLEMETTE

Par le dieu qui fut condamné,
Je vous vois bien singulier homme !
Que voulez-vous ? Je ne sais comme
Vous faites ainsi l'obstiné.

### PATELIN

Adonc, qui est-ce là qui s'attaque
À ce mien corps ? Est-ce une vaque,
Une mouque, ou quelque escarbot ?
Eh da, j'ai le mau saint Garbot.

### GUILLAUME

Encore une langue nouvelle !
Un autre tour de sa cervelle !

### PATELIN

Suis-je des foireux de Bayeux ?
Jean du Quemin sera joyeux.
Mais qu'il sache que je le sée :
Par Monsieur saint Jean, je berée
À lui voulentiers une fés.

### GUILLAUME

Comment peut-il porter le faix
De tant parler ? Sa tête est folle.

### GUILLEMETTE

Son maître, jadis à l'école,
Était normand, et de là vient
Qu'à tout moment il s'en souvient.
Il s'en va.

### GUILLAUME

Par sainte Marie,
C'est la plus grande rêverie
Où jamais je me sois jeté :
Je n'aurais un moment douté
De l'avoir vu tantôt en foire.

## GUILLEMETTE

Vrai, comment l'avez-vous pu croire ?

## GUILLAUME

Je le croyais, mais maintenant
Je vois comme l'erreur nous prend,
Et pour vrai je tiens le contraire.

## PATELIN

Est-ce un âne que j'entends braire ?
C'est ce maudit cousin à moi.
Ils seront tous en grand émoi
Quand ils sauront sa tricherie ;
Car ton fait n'est que tromperie.

## GUILLAUME

Mon Dieu ! de moment en moment
S'en va tout son entendement,
On n'entend rien à son langage,
C'est la cervelle qui s'engage.

## PATELIN

Huis os bez ou dronc nos badou…

## GUILLAUME

Sa tête va je ne sais où ;
Entendez-y comme il gargouille,
Par le corps-dieu comme il barbouille !
Ce n'est plus un parler chrétien,
Et le diable n'y comprend rien.

## GUILLEMETTE

Il eut sa grand-mère bretonne,
C'est en breton qu'il déraisonne.
Ah ! voilà ses derniers moments,
Et c'est l'heure des sacrements.

## PATELIN

Dieu te mette en male semaine,
Vieux drôle, ordure de Lorraine.

Tu me refais trop le gaillard,
Je connais monsieur le paillard.
Par la mort bieu ! cha, vien t'en boire,
Et baille-moi stan grain de poire,
Car vraiment je le mangera,
Et par saint George, je leura
A ty. Que veux-tu que je die ?
Dy, vien-tu nient de Picardie,
Jacquemart, que t'es ebaubis ?
*Et bona dies sit vobis,*
*Magister amantissime,*
*Pater reverendissime,*
*Quomodo brulis ? quæ nova ?*
*Parisius non sunt ova.*
*Quid petit ille mercator ?*
*Dicat sibi quod trufactor*
*Ille qui in lecto jacet,*
*Vult ei dare, si placet,*
*De Oca ad comedendum.*
*St sit bona ad edendum*
*Petit sibi sine mora.*

## GUILLEMETTE

C'est chose certaine, il mourra
Tout parlant, il jette l'écume ;
Ne voyez-vous pas comme il fume ?
A la grande divinité
Remonte son humanité ;
Je vais demeurer pauvre et lasse.

## GUILLAUME

Bien serait que je m'en allasse
Avant qu'il ne passe le pas.
Je craindrais qu'il ne voulût pas,
Voyant venir sa dernière heure,
Et moi-même dans sa demeure,
Vous dire tout ce qu'il pourrait
Avoir à vous dire en secret.
Je le gênerais, d'aventure.
Je me suis trompé, je vous jure.

Pour Dieu, qu'il me soit pardonné,
Je croyais ferme dans mon âme
Qu'il avait mon drap. Adieu, dame.

### GUILLEMETTE

Le grand pardon vous soit donné,
Ainsi qu'à la pauvre dolente.

### GUILLAUME, en s'en allant à petits pas

Par Notre-Dame la clémente,
Jamais ne fus tant ébahi.
Le diable que j'ai pris pour lui
S'en vint chez moi sous sa figure,
Et prit mon drap pour me tenter.
Mais puisse sa malice impure
Sur moi ne jamais attenter
Et laisser en paix ma personne ;
Et puisque ainsi va, je le donne
Pour Dieu même à qui l'aura pris.

### PATELIN

Ne vous l'ai-je pas bien appris,
Comme il est chien de bonne race
Et réserve sous sa cuirasse
Mainte ruse avec maint détour.
Il lui viendra plus d'un retour,
La nuit, parmi sa rêverie.

### GUILLEMETTE

Comment trouvez-vous mon génie ?
N'ai-je pas bien fait mon devoir ?

### PATELIN

Si fait, c'était très bon à voir.
Enfin vous avez fait merveille
A n'avoir pas votre pareille.
Nous avons du drap maintenant,
Et des robes à l'avenant.

# Scène V

                **GUILLAUME,** seul en s'en allant

Toujours payé de tromperies.
Chacun m'emporte mon avoir
Et prend ce qu'il en peut avoir,
On ne sait plus que pilleries :
Me voilà le roi des méchants.
Même jusqu'aux bergers des champs
Qui font la fraude à leur manière :
Témoin par exemple le mien,
À qui j'ai toujours fait du bien.
Mais enfin, j'en suis en colère.
Pour rien il ne m'a pas trompé,
Et tantôt il l'aura payé.

# Scène VI

### GUILLAUME, THIBAUT AIGNELET, berger.

#### THIBAUT

Dieu vous donne bonne journée,
Monseigneur, et bonne soirée,

#### GUILLAUME

Est-ce toi, truand, toi pillard
Dont le col appelle la hart ?
Le bon valet, que viens-tu faire ?

#### THIBAUT

Seigneur, ne vous veuille déplaire,
Un homme à l'habit tout rayé,
Tout étrange et bariolé,
Lequel tenait un fouet sans corde
M'a dit, mais je ne me recorde
Tous les mots bien exactement,
Ni même ce que ce peut être.
Il m'a parlé de vous mon maître,
Et de certain ajournement,
À quoi je n'entends gros ni grêle,
Il m'a tout brouillé pêle-mêle,
Brebis, relevée et moutons,
Et je ne sais quels rogatons.
Il m'a fait un grand étalage
De vous, mon maître, en son langage.

#### GUILLAUME

Si je ne te fais emboucler
Tout à l'heure, devant le juge,
Je veux pardieu que le déluge
Sur ma tête puisse rouler,
Que sur moi tombent les tempêtes !
Jamais ne tueras de mes bêtes
Sans en garder bon souvenir.
Rends-moi, quoiqu'il puisse advenir,

Six aunes… je dis l'assommage
De mes bêtes, et le dommage
Que tu m'as fait depuis dix ans.

### THIBAUT

Ne croyez pas les médisants,
Mon bon Seigneur, par Notre-Dame.

### GUILLAUME

Par tous les saints que l'on réclame,
Tu me rendras, je le prétends,
Mes six aunes de drap, j'entends
Ce que tu volas sur mes bêtes.

### THIBAUT

Quel drap ? Oh ! mon Seigneur, vous êtes
Courroucé de je ne sais quoi,
Où je ne suis pour rien, je crois.
Par saint Leu, je n'ose rien dire ;
Dans vos yeux la fureur respire.
Devant vous je tremble et me tais.

### GUILLAUME

Voudras-tu me laisser en paix ?
Viens au juge, si bon te semble.

### THIBAUT

Convenons d'un accord ensemble,
Seigneur, et ne me plaidez point.

### GUILLAUME

Va, ton affaire est en bon point,
Tu n'auras ni répit, ni trève ;
Seul le juge en décidera.
Quoi donc ! chacun me trompera
Ainsi tout à sa fantaisie.
Non, du tout, je ne m'en soucie,
Et j'y mettrai bon ordre.

### THIBAUT

Adieu,
Je vais donc préparer le jeu,
Il faut bien que je me défende.

*(Il se dirige vers la porte de Patelin, et appelle.)*

# Scène VII

## THIBAUT, puis PATELIN, GUILLEMETTE

### THIBAUT

Quelqu'un ici !

### PATELIN

Que l'on me pende,
Vous verrez qu'il revient encor.

### GUILLEMETTE

Dieu nous garde de mauvais sort :
Nous aurions là ma foi du pire.

### THIBAUT, entrant

Que Dieu soit avec vous, messire.

### PATELIN

Dieu te garde, qu'est-ce qu'il te faut ?

### THIBAUT

Ils vont me piquer en défaut
Si je manque à l'ajournerie.
C'est pour tantôt, donc, je vous prie,
S'il vous convient, vous y viendrez,
Mon bon maître, et me défendrez,
Et me ferez gagner ma cause,
Car je n'y sais dire grand-chose.
Allez, je vous paierai très bien,
Tout en vous ayant l'air de rien.

### PATELIN

Voyons, qu'es-tu ? Raconte, expose
Le fait : demandeur, défendeur ?

### THIBAUT

Bon, je connais un entendeur.
Entendez ceci, mon bon maître :

J'ai pendant longtemps mené paître
Ses brebis et les lui gardais ;
Sur mon serment, je regardais
Que la paie était bien petite.
Dirai-je tout ?

PATELIN

Certes, dis vite.
Parle, un conseil doit tout savoir.

THIBAUT

C'est donc bien vrai, vous l'allez voir,
Que souvent les ai-je assommées,
Tant que plusieurs se sont pâmées
Maintefois, jusques à mourir,
Tel jarret pût les soutenir.
Alors je lui faisais entendre,
Afin qu'il ne m'en pût reprendre,
Que quelque mal passait par là,
Et que c'était la clavelée.
Il disait : ne soit plus mêlée
Avec les autres, jette-la.
Et moi : Volontiers. Mais cela
Se faisait par une autre voie
Qui me mettait le cœur en joie ;
Car, par saint Jean, je les mangeais,
Sachant fort bien la maladie
Et point je ne m'en effrayais.
Que vous dirai-je ? À l'étourdie
J'ai tant et tant continué,
J'ai tant assommé, tant tué,
Qu'il a fini par voir ma ruse ;
Et sachant comme je l'abuse,
Mon homme m'a fait épier,
Car on les entend bien crier.
Enfin donc, il faut vous l'apprendre,
Sur le fait quelqu'un m'a su prendre,
Et je ne le saurais nier.
Par quoi je voudrais vous prier
(Je ne manque pas de finance)
De le laisser prendre l'avance

Et qu'il en soit pour son procès.
Je conviens qu'il a bonne cause,
Mais vous aurez bien quelque clause
Pour attraper un bon succès,
Et faire sa cause mauvaise.

### PATELIN

Voyons, dis, seras-tu bien aise,
Quand je t'aurai fait l'emporter ?
Mais il s'agit de t'expliquer :
Que donnes-tu, si je renverse
Le droit de ta partie adverse,
Si je te fais aller absous ?

### THIBAUT

Je ne vous paierai point en sous,
Mais en bon or à la couronne.

### PATELIN

Eh bien ! ta cause sera bonne,
Fût-elle pire de moitié.
Et ne va pas être effrayé
Du peu de temps ; c'est où je brille.
Je perds plutôt à m'appliquer,
Et tu verras comme j'habille
L'affaire qu'il faut attaquer
Tout au plus vif. Donc sa demande
Est faite, et voici qu'on te mande
Pour répondre sur tout ton fait.
Tu dois entendre la cautelle ;
Comment est-ce que l'on t'appelle ?

### THIBAUT

Par saint Maur, Thibaut l'Aignelet.

### PATELIN

L'Aignelet ! Maint agneau de lait
Tu dois dérober à ton maître.

### THIBAUT

Ma foi ! la chose peut bien être,
J'en puis bien avoir en trois ans

Mangé comme qui dirait trente,
Ou même plus.

### PATELIN

C'est dix de rente.
C'est pour tes dés que tu les prends,
Et puis encor pour ta chandelle.
Va, je la lui donnerai belle.
Penses-tu qu'il puisse trouver
Témoins par qui ces faits prouver ?
C'est le point de la plaidoirie.

### THIBAUT

Prouver, sire ! sainte Marie !
Par tous les saints du Paradis,
Pour un il en trouvera dix
Qui de rien ne feront mystère.

### PATELIN

Ce cas pour nous devient sévère.
Voici ce que je penserais :
Moi, point je ne te connaîtrais,
Et ne t'aurais jamais vu même.

### THIBAUT

Non pas, par le grand Dieu suprême.

### PATELIN

Écoute ce qui conviendra :
Si tu parles, on te prendra
Sur chaque parole lâchée ;
Dont la cause est bien empêchée.
Ces aveux et confessions
Font méchantes positions.
Fais donc ce que je vais te dire.
On t'appelle pour contredire
Et comparaître en jugement ;
Tu ne répondras nullement,
Excepté *bée*, et qu'on ne tire
Rien de toi, rien absolument.
Que l'on t'injurie et maudisse,

Qu'on t'appelle ignoble manant,
Qu'on ajoute : Maraud, truand,
Vous moquez-vous de la justice ?
Dis *bé*, toujours *bé :* moi pourtant :
Il est simple, vais-je ajoutant,
Et ne croit parler qu'à ses bêtes.
En dussent-ils rompre leurs têtes,
N'ajoute pas, garde-t-en bien,
Un autre mot, pas un seul, rien,
Et tout ira.

### THIBAUT

Le fait me touche,
Rien ne sortira de ma bouche.

### PATELIN

Tiens bon et ferme.

### THIBAUT

Assurément.

### PATELIN

À moi-même, pour quelque chose
Que je te dise ou te propose,
Ne va point répondre autrement.

### THIBAUT

Dites que j'ai la tête folle,
Si l'on me tire autre parole,
Sauf *bé* que vous m'avez appris,
Ni vous, ni personne qui vive,
De quelque mot qu'on me poursuive.

### PATELIN

Ainsi notre homme y sera pris.
Mais aussi, fais que je me loue
De ton salaire, et ne me joue.

### THIBAUT

Je veux payer à votre mot ;
Si vous me prenez en défaut,

Jamais ne croyez ma parole ;
Mais vous, jouez bien votre rôle.

### PATELIN

Le juge à cette heure est assis,
Car son heure est celle de six.
Pour n'aller pas par même voie,
Prends par ici.

### THIBAUT

Qu'on ne nous voie,
Vous l'avocat, moi le client.

### PATELIN

Mais point d'oubli pour le paiement.

### THIBAUT

A votre mot, n'en faites doute.

*(Il sort.)*

# Scène VIII

                  PATELIN, seul

S'il ne pleut, dit-on, il dégoutte ;
J'aurai comme un ou deux écus,
Si je ne peux attraper plus.

# Scène IX

### LE JUGE sur son tribunal, GUILLAUME, PATELIN, THIBAUT.

PATELIN, au juge.

Que Dieu vous accorde, messire,
Selon que votre cœur désire.

LE JUGE

Et vous, soyez le bienvenu,
Et vous couvrez, puis prenez place.

PATELIN

Je suis fort bien, je vous rends grâce.

LE JUGE

Quoi, nul plaideur n'est-il venu ?
Pas une affaire ! je me lève
Et pars.

GUILLAUME

Mon avocat achève
Quelque requête qu'il faisait,
Monseigneur, et s'il vous plaisait,
Je vous supplirais de l'attendre.

LE JUGE

Ailleurs encor je dois entendre ;
Si votre adversaire est présent,
Parlez, le juge vous entend.
Ne perdons pas l'heure qui sonne.
Vous venez comme demandeur ?

GUILLAUME

Vous l'avez dit.

LE JUGE

Le défendeur
Est-il là présent en personne ?

### GUILLAUME

Oui, voyez-le qui ne dit mot ;
Mais Dieu sait bien ce qu'il en pense.

### LE JUGE

Puisque vous êtes en présence,
Posez la demande tout haut.

### GUILLAUME

Monseigneur, il m'a fait offense,
Sur quoi voici la vérité.
Pour Dieu, par pure charité,
Je le nourris en son enfance.
Quand il fut en force et puissance
D'aller aux champs, pour abréger,
Je l'établis pour mon berger,
Et le mis à garder mes bêtes.
Mais aussi vrai comme vous êtes
Celui-là dont nous attendons
Sentence, monseigneur le juge,
Le drôle a fait un tel déluge
De mes brebis, de mes moutons,
Que sans aucun doute…

### LE JUGE

Écoutons,
Il était votre mercenaire ?

### PATELIN

Il ne pouvait pas s'y vouer
Sans commission et salaire.

### GUILLAUME, ironiquement.

Je puisse Dieu désavouer
Si l'on sait vous trouver en faute.

### LE JUGE

Comme vous tenez la main haute,
Maître Pierre, est-ce mal aux dents ?

### PATELIN

Oui, je sens tels élancements,
Que jamais ne fut telle rage.

Je n'ose lever le visage.
Pour Dieu, faites-les se hâter.

### LE JUGE, à Guillaume.

Or donc, achevez de plaider,
Concluez en paroles claires.

### GUILLAUME

Croix où mon Dieu s'est étendu !
C'est bien vous à qui j'ai vendu
Six aunes de drap, maître Pierre ?

### LE JUGE

Que dit-il là de drap ?

### PATELIN

Il erre,
Croyant à son propos venir,
Et ne sait plus s'en souvenir.

### GUILLAUME

Par votre sang, divine gorge,
Nul autre que lui ne l'a pris,
Et j'en prétends avoir le prix.

### PATELIN

Le méchant homme ! comme il forge
Un fait à la cause étranger,
Et comme il est leste à changer
De front pour remplir son libelle !
Il dit, si j'ai bien entendu,
Car sa cause n'est pas trop belle,
Que son berger avait vendu
La laine du drap de ma robe,
Et cette laine, il la dérobe
Sur ses brebis, à ce qu'il dit.

### GUILLAUME

Que mille fois je sois maudit,
Si vous n'avez mon drap !

### LE JUGE, à Guillaume

Silence !
Et ne savez-vous revenir

A votre fait sans retenir
La cour par votre impertinence ?

### PATELIN

Je souffre, et malgré moi je ris.
Il va de si grande vitesse,
Qu'il ne sait ni ce qu'il a pris
En son discours, ni ce qu'il laisse.
Il s'y perd, ou le ramenons.

### LE JUGE

Or revenons à nos moutons.
Qu'en advint-il ?

### GUILLAUME

Il prit six aunes
De neuf francs.

### LE JUGE

Sommes-nous béjaunes,
Qu'ainsi vous venez nous jouer ?

### PATELIN

On penserait qu'il veut braver,
Bien que bonhomme par la mine.
Je demande qu'on examine
Son adversaire, maintenant.

### LE JUGE

Il le connaît apparemment,
Il l'a pris à part et lui cause.

### LE JUGE, à Thibaut.

Viens-çà, donc, et dis-nous ta cause.

### THIBAUT

Bée.

### LE JUGE

Allons, voici du nouveau.
Bé... me prends-tu pour une chèvre ?

Au lieu de faire le chevreau,
Parle-moi.

### THIBAUT

Bé.

### LE JUGE

La chaude fièvre
Te prenne, allons, te moques-tu ?

### PATELIN

Croyez qu'il est fol ou têtu,
Ou se suppose entre ses bêtes.

### GUILLAUME

Or, que je meure, si vous n'êtes
Mon homme même, et vous avez
Eu mon drap. Ah ! vous ne savez,
Monseigneur, par quelle malice.

### LE JUGE

Paix ! vous nous mettez au supplice.
Laissez, venons au principal,
Expliquez-vous un peu moins mal.

### GUILLAUME

Mais, monseigneur, le cas me touche !
Je me tais cependant, ma bouche
Pas un seul mot n'en touchera ;
Une autre fois, il en ira
Comme il pourra ; voyez, j'avale
Sans mâcher ce que l'on me sale.
Tout à l'heure donc je disais
– C'est mon propos – comment j'avais
Vendu six aunes – je veux dire
Mes brebis, excusez-moi, sire.
Ce gentil maître, mon berger,
Qui devait aux champs m'arranger
Me promit que j'aurais sans faute
Six écus d'or quand je viendrais ;
Et je devais être son hôte

Lorsque chez lui j'arriverais.
Mon berger, dis-je, fit promesse
Voici trois ans, qu'avec sagesse
Et loyauté me garderait
Mes brebis, et ne me ferait
Aucune fraude, aucun dommage.
Et maintenant, il se dégage,
Refusant le drap et l'argent.
Ah ! maître Patelin, vraiment
Le drôle me prenait les laines
De mes brebis, et toutes saines
Leur donnait le coup de la mort,
Car il les frappait ferme et fort
D'un gros bâton sur la cervelle.
Quand mon drap fut sous son aisselle,
Lestement il prit son chemin,
Et disparut du plus grand train.
Tantôt, dit-il, vous viendrez prendre
Six écus d'or qu'il faut vous rendre,
Je vous attends en ma maison.

### LE JUGE

Ça n'a ni rime ni raison ;
Il n'est que pure impertinence
Au babil dont vous débordez.
Qu'est ceci ? Vous entrelardez
Puis d'un, puis d'autre : somme toute,
Je m'y perds, et je n'y vois goutte.
Il vous mêle brebis et drap :
Diable soit qui le comprendra.

### PATELIN

Il retient, la chose m'est claire,
Au pauvre berger son salaire.

### GUILLAUME

Et mon drap, vous n'en parlez pas ;
Mais moi, je sais bien où le bas
Me blesse ; je le sens peut-être.
(Au juge.) Vous ni personne n'en savez
Autant que moi. (À Patelin.) Vrai, vous l'avez.

## LE JUGE

Et qu'est-ce qu'il a ?

## GUILLAUME

Rien, mon maître.
(Bas.) Un grand trompeur ! Je m'en tairai,
Si je puis, et n'en parlerai
Pour quelque chose qu'il advienne.

## LE JUGE

Si vraiment ; qu'il vous en souvienne :
Or, concluez ouvertement.

## PATELIN

Le berger ne peut nullement
Répondre aux faits que l'on propose,
Sans conseil ; cependant il n'ose
Ou ne sait point en demander.
Si vous vouliez me commander
De me donner à lui d'office,
Je me mettrais à son service.

## LE JUGE

Avec cet homme, ce serait
Du travail qu'en vain l'on perdrait.
On n'y gagnerait que froidure.

## PATELIN

Mais aussi bien, je vous le jure,
Je ne prétends en rien avoir.
Je veux uniquement savoir
Du pauvret ce qu'il pourra dire,
Et s'il ne saurait pas m'instruire
Pour répondre aux faits proposés,
Mais qui demeurent non prouvés.
Si nous le laissions sans défense,
La charité crierait vengeance.
Viens-çà, mon ami, près de moi,
Qui pourrait prouver contre toi ?

## THIBAUT

Bée.

#### PATELIN

Es-tu fou ? Dis ton affaire.

#### THIBAUT

Bée.

#### PATELIN

Entends-tu tes brebis braire ?
C'est pour ton profit, réponds-y.

#### THIBAUT

Bée.

#### PATELIN

Ah ! conviens ou dis nenni,
Ou ta langue y sera contrainte.

#### THIBAUT

Bé

#### PATELIN

Parle, ou tu t'en trouveras,
Fort mal, de quoi j'ai grande crainte.
Allons, allons, tu parleras.

#### THIBAUT

Bée

#### PATELIN

Est-il fou plus fol au monde
Que celui qui met en procès
Un tel être, et veut qu'il réponde ?
Sire, le renvoyez à ses
Brebis, il est fou de nature.

#### GUILLAUME

Tel nom pouvez-vous lui donner ?
Il est plus sage que vous n'êtes.

#### PATELIN

Envoyez-le garder ses bêtes
Il ne faut tels fous ajourner.

Qu'il parte, et jamais ne retourne,
Pour quelque sergent qui l'ajourne.

### GUILLAUME

Quoi ! même sans l'avoir ouï ?

### PATELIN

Eh ! oui vraiment, il est fol, oui,
Pourquoi pas ?

### GUILLAUME

Au moins je désire
Qu'auparavant me laissiez dire,
Et poser mes conclusions :
Ce ne sont pas fausses raisons
Que je vous dis, ni moqueries.

### LE JUGE

Ce sont fausses plaisanteries,
Que venir mettre en jugement
De pauvres fous, de pauvres folles.
Écoutez : sans plus de paroles,
La cour s'en lave absolument
Les mains, et n'y veut plus entendre.

### GUILLAUME

Ne saura-t-on plus où les prendre ?
Ils ne reviendront pas.

### LE JUGE

Eh ! quoi ?

### PATELIN

Revenir ? On ne vit, ma foi,
Tel fol, en fait comme en réponse.
L'autre ne vaut pas mieux d'une once ;
Entre deux ils n'ont un carat
De cervelle.

### GUILLAUME

Mais pour mon drap,
Vous l'avez pris par tromperie,

Sans payer, et de prud'homie
Ce n'est pas trop le fait.

### PATELIN

Quel fol !
J'en lis.

### GUILLAUME

La chose tourne en vol.
Je vous connais bien au visage.
Je ne suis pas fou, je suis sage
Assez pour savoir qui me fait
Bien ou mal ; écoutez le fait,
Monseigneur, par ma conscience

### PATELIN

Eh ! sire, imposez-lui silence,
Depuis le temps que nous perdons !
Vrai, c'est honteux de tant débattre
Contre un berger, pour trois ou quatre
Vieilles brebis, méchants moutons
Qui ne valent pas deux boutons.
Il en fait une kyrielle.

### GUILLAUME

Quels moutons ? Vous la donnez belle ;
C'est à vous que je parle, à vous,
Du drap que vous prîtes chez nous,
Et vous le rendrez, je le jure
Par le Dieu qui prit la figure
De l'homme, et naquit à Noël.

### LE JUGE

Il m'accablera, par le ciel,
Et n'en finira pas de braire.

### GUILLAUME

Je demande…

### PATELIN

Faites-le taire :
C'est aussi par trop divagué.

Prenons qu'il s'en soit appliqué
Six ou sept, même une dixaine,
Qu'il en ait mangé sa douzaine,
Vous voilà bien malade, ô Dieu !
Et de geindre c'est bien le lieu !
N'avez-vous gagné, je vous prie,
Du temps qu'il vous les a gardés ?

### GUILLAUME, au juge.

Regardez, sire, regardez ;
Je lui parle de draperie,
Il me répond de bergerie.
Répondez-moi tout nettement :
Vous avez mis sous vos aisselles
Six aunes de drap, où sont-elles ?
Dites le mot ouvertement,
Ne comptez-vous pas me les rendre ?

### PATELIN, au juge.

Ah ! sire, le ferez-vous pendre
Pour un méchant mouton ou deux,
Pour six ou sept bêtes à laine ?

*(À Guillaume.)*

Au moins reprenez votre haleine,
Ne soyez pas si rigoureux
Au pauvre berger douloureux
Tout triste et nu, et qui fait peine.

### GUILLAUME

Que le diable m'ait fait vendeur
De mon bien à tel entendeur !
Or, monseigneur, je lui demande…

### LE JUGE

Je l'absous de votre demande,
Et vous défends de procéder.
C'est un bel honneur de plaider
Contre un fou ! (À Thibaut.) Va-t-en à tes bêtes.

### THIBAUT

Bé.

LE JUGE, à Guillaume

Vous montrez bien qui vous êtes.

GUILLAUME, , montrant Patelin

Eh ! monseigneur, c'est à nous deux
Écoute-moi donc, je lui veux

PATELIN

Rien ne pourra le faire taire.

GUILLAUME

À nous deux nous avons affaire.
Vous m'avez trompé faussement,
Puis emporté furtivement
Mon drap par votre beau langage.

PATELIN

Soyez-moi témoin, s'il est sage,
Vous l'entendez bien, monseigneur.

GUILLAUME

Croyez qu'il est maître trompeur,
Monseigneur, quoique l'on en dise.

LE JUGE

Je n'entends que pure sottise,
Querelle et bruit de vos deux parts ;
Mais grâce à Dieu, tantôt je pars.
(À Thibaut.) Va-t-en, mon ami, ne retourne
Jamais, pour sergent qui t'ajourne.
La cour t'absout, entends-tu bien ?

PATELIN

Dis grand merci.

THIBAUT

Bé.

LE JUGE

Va, que rien
Ne t'inquiète.

## GUILLAUME

Qu'il s'en aille !
N'en aurai-je ni sou ni maille ?

## LE JUGE

J'ai maintenant affaire ailleurs.
Des voix que rien ne ferait taire !
Vous ne m'y feriez plus tenir,
Je m'en vais ; voulez-vous venir
Souper avec moi, maître Pierre ?

## PATELIN

Je ne puis.

## GUILLAUME

Quel larion fieffé !
Ne serai-je donc point payé ?

## PATELIN

De quoi payé ? Quelle folie
Est-ce là ? Faut-il qu'on vous lie ?
Voyons, pour qui me prenez-vous ?
A votre avis, que sommes-nous ?
Je vous le dirai sans attendre,
Pour qui vous avez cru me prendre :
Sans doute pour écervelé ;
Non vraiment, il n'est point pelé
Comme vous me voyez la tête.

## GUILLAUME

Me prenez-vous pour une bête ?
C'est vous-même, je vous connais,
C'est vous-même, en propre personne,
Votre voix le dit et le sonne ;
Vous ne m'en ôterez jamais
L'idée.

## PATELIN

Eh bien ! c'est fausse idée
Que je veux qui vous soit ôtée ;

Laissez là cette opinion.
Serait-ce point Jean de Noyon ?
Il me ressemble de corsage.

### GUILLAUME

Du tout, il n'a point au visage
Telle apparence de langueur,
Ni ces traits qui vont en longueur.
Il n'a point cet aspect si fade.
Ne vous laissai-je pas malade
Tout-à-l'heure, en votre maison ?

### PATELIN

Voilà bien une autre raison.
Malade ! Et quelle maladie ?
Votre raison est engourdie :
Cela paraît trop clairement.

### GUILLAUME

C'est vous, vous-même assurément ;
Vous, maître Pierre, pas un autre,
Ou Saint-Pierre n'est plus apôtre.
Ne niez pas, je le sais bien.
Convenez-en.

### PATELIN

N'en croyez rien.
Jamais, non jamais de ma vie
Je n'ai pris aune ni demie.
Certes mon renom n'est pas tel.

### GUILLAUME

Je vais donc voir à votre hôtel
Si c'est là vraiment que vous êtes.
Nous ne dresserons plus nos crêtes
Ici, si je vous trouve là.

### PATELIN

Par Notre-Dame, c'est cela :
La chose ainsi sera certaine.

*(Guillaume s'en va.)*

# Scène X

## PATELIN, THIBAUT

**PATELIN**

Dis, Aignelet.

**THIBAUT**

Bé.

**PATELIN**

Viens ça, viens,
Avons-nous pris assez de peine
A ta besogne ? Avons-nous bien
Réussi ?

**THIBAUT**

Bé.

**PATELIN**

Vois, ta partie
En fuite a quitté la partie,
Rien ne te force à dire bé.
Tu vois, notre homme est décampé :
L'ai-je mené de bonne sorte ?
Tu vois comme un bon conseil porte.

**THIBAUT**

Bée.

**PATELIN**

On n'entendra nullement,
Il est loin, parle hardiment.

**THIBAUT**

Bée.

**PATELIN**

Il est temps que je m'en aille.

## THIBAUT

Bé.

## PATELIN

Tu fis très bien ton devoir,
Ne bougeant non plus que muraille :
La chose était fort bonne à voir,
Comme tu te tenais de rire.

## THIBAUT

Bée.

## PATELIN

Assez, il ne faut plus dire
Bé, paie-moi tout doucement.

## THIBAUT

Bé.

## PATELIN

Voyons, parle sagement.
Mon argent, et que je te quitte.

## THIBAUT

Bé.

## PATELIN

Bé ! mon cher, paie-moi vite,
Je ne veux plus de bé moqueur.
Paie.

## THIBAUT

Bé.

## PATELIN

Fais-tu le railleur ?
Tu paieras si tu ne t'envoles,
Par mon serment, tu me paieras ;
Je ne veux point de fariboles,
De l'argent.

## THIBAUT

Bé.

PATELIN

Tu donneras…

THIBAUT

Bé.

PATELIN

Quoi ! n'en aurai-je autre chose ?

THIBAUT

Bé.

PATELIN

Tu fais le rimeur en prose.
Plus de ton bée, et paie-moi.
Sache à qui tu vends tes coquilles.
Plus de ce *bé* que tu babilles,
De l'argent : j'en aurai, ma foi

THIBAUT

Bé.

PATELIN

Sera-ce là la monnaie
Dont il faudra que je me paie ?

THIBAUT

Bée.

PATELIN

À qui te crois-tu jouer ?
Quand je devrais me tant louer
De toi !… Fais donc que je m'en loue.

THIBAUT

Bé.

PATELIN

Pour lui ferai-je la moue ?
Au diable ! aurai-je tant vécu
Pour qu'un pâtre, un mouton vêtu,
Un sot, un maraud, une espèce,
Un vagabond me fasse pièce !

**THIBAUT**

Bé.

**PATELIN**

N'en aurai-je un autre mot ?
Je deviendrais un maître sot.
Si tu ne prétends que t'ébattre,
Dis-le, je cesse de débattre,
Et viens souper à ma maison.

**THIBAUT**

Bée.

**PATELIN**

Oui vraiment, il a raison.
Sous les oisons l'oie ira paître.
Je me croyais si bien le maître
Des trompeurs des lieux d'alentour,
De tous maîtres faiseurs de tour,
De ceux qui paient en parole,
À rendre au jour du jugement !
Et qui me vient prendre mon rôle ?
Un méchant berger peu savant,
Qui n'apprit rien de rien, me passe.
Par Saint-Jacques, que je trouvasse
En mon chemin un bon sergent,
Et tantôt je te ferais prendre,
Ou tu me rendrais mon argent.

**THIBAUT**

Bée.

**PATELIN**

Heu bé ! L'on me puisse pendre
Si je ne vais faire venir
Un bon sergent pour te saisir.
Gare à lui, s'il ne t'emprisonne.

**THIBAUT**

S'il me trouve, je lui pardonne.

*(Il se sauve. Le rideau se baisse.)*